Die schönsten Geschichten vom Hasenfranz

Erzählt von Ursel Scheffler

Mit Bildern von Iskender Gider
und Hermien Stellmacher

Ravensburger Buchverlag

Quellenverzeichnis

Iskender Gider, Ursel Scheffler:
Der Hasenfranz

Iskender Gider, Ursel Scheffler:
Der Hasenfranz in der Stadt

Hermien Stellmacher, Ursel Scheffler:
Der Hasenfranz und die frechen Eierräuber

Bibliografische Information Der Deutschen Bibliothek

Die Deutsche Bibliothek verzeichnet diese Publikation in der Deutschen Nationalbibliografie; detaillierte bibliografische Daten sind im Internet über *http://dnb.ddb.de* abrufbar.

3 4 5 09 08 07

Otto Maier GmbH
Postfach 1860 · 88188 Ravensburg
Illustrationen: Hermien Stellmacher, Iskender Gider
Text: Ursel Scheffler · Redaktion: Anja Lewe
Printed in Germany
ISBN 978-3-473-33028-7
www.ravensburger.de

Inhaltsverzeichnis

Der Hasenfranz

An einem Frühlingsmorgen spielten die
Hasenkinder vor dem Haus in der Sonne.
Als sie vom Herumtoben müde waren,
hüpften sie um ihre Mutter herum und riefen:
„Bitte, bitte, erzähl uns eine Geschichte!“

„Na gut“, sagte die Mutter. Sie setzten sich auf die Bank hinter dem Hasenhaus und die Mutter erzählte ihnen die Geschichte vom Osterhasen.

Als sie damit fertig war, rief der Hasenfranz:
„Ich will auch Osterhase werden!"
„Das ist ein schwieriger Beruf", antwortete die Mutter.
„Da musst du Eier haben und Farben. Wo willst du das hernehmen?"
Die größeren Geschwister lachten den Franz aus:
„Du bist doch viel zu klein. Du kannst ja noch nicht mal allein eine Möhre aus dem Acker ziehen, wie willst du da das Eierlegen lernen?"

Euch werde ich es schon zeigen!, dachte der Hasenfranz. Er grübelte den ganzen Tag und die ganze Nacht. Dann stand sein Entschluss fest: Er wollte fort von zu Hause und das Eierlegen lernen!
Weil er sich von diesem Plan nicht abbringen ließ, packte ihm die Hasenmutter eine Flasche Kräutertee, Hasenbrot und Möhrenkuchen ein.
Dann machte sich der Franz auf den Weg.

Als er eine Weile gelaufen war, kam er an eine Viehweide. Am Zaun stand eine Kuh.
Die war viel größer als er und deshalb sicher auch viel klüger.

„Kannst du mir sagen, wie man Eier legt?“, fragte der Hasenfranz.
„Muh“, sagte die Kuh. „Da solltest du lieber die Vögel fragen. Die kennen sich mit Eiern besser aus als ich.“

Der Hasenfranz lief weiter, bis er zu einem hohen Baum kam.
Auf ihm saßen zwei Raben.
„Könnt ihr mir sagen, wie man Eier legt?“, erkundigte sich der Hasenfranz.
„Krah“, sagte der Rabe zu seiner Frau. „Kannst du es ihm erklären?“
„Eierlegen ist die einfachste Sache der Welt“, sagte Frau Rabe.
„Dann zeig es mir!“, bat der Hasenfranz.
„Zeigen?“, krächzte sie spöttisch. „Man kann es oder man kann es nicht.“

Enttäuscht lief der Hasenfranz weiter.
Er kam an einen See. Und weil er nicht schwimmen konnte und zu müde war, um drum herum zu laufen, legte er sich ins Ufergras und schlief.

Als er aufwachte, sah er einen Fisch, der ihn neugierig anstarrte.
„Was suchst du denn hier?“, erkundigte sich der Fisch.
„Ich suche einen, der mir zeigen kann, wie man Eier legt“, antwortete der Hasenfranz.
„Eier legen? Kleinigkeit!“, blubberte der Fisch.
„Aber sag mir bloß: Warum will ausgerechnet ein Hase wissen, wie man Eier legt?“
„Ich möchte Osterhase werden“, sagte der Hasenfranz.
„Blubberdiblubb“, gluckste der Fisch. „Ich lege tausende von Eiern. Aber bin ich deshalb ein Osterfisch?“
Er tauchte unter und verschwand. Es hörte sich an, als ob er lachte.

Traurig lief der Hasenfranz weiter.
Da hörte er in der Ferne lautes Gackern.
Ein Huhn stand am Wegrand und verkündete aufgeregt, dass es ein wunderschönes Ei gelegt hatte.
Weiß schimmernd lag es neben einem aufgeblühten Löwenzahn.
„Wie schön es ist!“, sagte der Hasenfranz voller Bewunderung. „Kannst du mir zeigen, wie man so ein Ei legt? Ich möchte nämlich Osterhase werden!“

Da gackerte das Huhn vor Vergnügen, dass der Kamm wackelte, und rief: „Gackgackgackgaaak! Kein Hase der Welt kann Eier legen! Dazu sind schließlich wir Hühner da! Aber wenn du Eier haben möchtest, kann ich dir helfen. Komm mit!“

Die Henne lief mit dem Hasenfranz
über die Wiese zur Scheune.

Zwischen den Strohballen und den Ackergeräten liefen viele Hühner herum. Ein Hahn war auch dabei.
Er saß oben auf dem Dachbalken und krähte.
„Helft uns suchen! Wir brauchen viele Eier!“, rief das Huhn, als es am Scheunentor stand. „Der Hasenfranz will Osterhase werden.“

Jetzt begann das große Eiersuchen, denn die Hühner hatten ihre Eier überall in der Scheune versteckt. „Mal sehen, wer die meisten findet!“, krähte der Hahn. Und dann suchten sie um die Wette, bis der Korb voll war. Der Hasenfranz bedankte sich, nahm den Korb und machte sich auf den Heimweg.

Unterwegs sammelte er Rinden, Blätter und Kräuter,
aus denen er Farbe zubereiten wollte.
Die Rezepte dafür verriet ihm der Buntspecht.

Beladen mit Sammelsachen und tausend Ideen kam der Hasenfranz wieder zu Hause an.

„Wie froh bin ich, dass du wieder da bist!“, rief die Mutter.

„Wir haben uns schon Sorgen gemacht“, brummte der Hasenvater.

„Erzähl!“, drängelten die neugierigen Geschwister.

Der Hasenfranz berichtete, was er alles erlebt und erfahren hatte. Jetzt wollten alle anderen Hasenkinder auch Osterhasen werden.

Auch die großen Geschwister!

Schon am nächsten Morgen machte sich die ganze Hasenfamilie an die Arbeit. Sie flochten Nester. Sie kochten Farben. Sie bemalten die Eier. Es dauerte gar nicht lange, da war aus dem Hasenhaus und dem Hasengarten eine richtige Osterhasen-Werkstatt geworden.

Und als Ostern kam, liefen sie herum in Stadt und Land und hielten Ausschau nach Ecken und Hecken, um ihre Ostereier zu verstecken.

Der Hasenfranz in der Stadt

In der Osternacht wurde es plötzlich lebendig vor dem Hasenbau. Kleine und große Hasen mit Körben voll bunter Eier drängten ins Freie.
„Los, komm! Beeilt euch!“, rief der Hasenfranz.
Er war ziemlich aufgeregt, denn es war das erste Mal, dass sie zum Eierverstecken in die große Stadt gingen.

Am Stadtrand verteilte der Hasenvater Namen und Adressen und sagte: „Jetzt wisst ihr, wo die Kinder wohnen! Und nicht trödeln. In einer Stunde müsst ihr alle wieder hier sein."

„Vorsicht! Oft bewachen bissige Hunde oder kratzende Katzen das Haus und den Garten", warnte die Mutter.

„Ja, ja. Keine Angst. Wir passen schon auf!", rief der Hasenfranz.

„Beeil dich", drängelte seine Schwester Kiki, „damit wir nicht die Letzten sind!"

Das Eierverstecken machte den beiden riesigen Spaß.
Als der Hasenfranz und Kiki in die Gartenstraße kamen,
hatte jeder von ihnen nur noch zwei Osternester übrig.
„Ich muss noch zu Nummer vier und sechs“, sagte Kiki.
„Und ich zu Nummer sieben und elf“, rief der Hasenfranz
und lief auf die andere Straßenseite.

Der Hasenfranz schlüpfte durch den Gartenzaun. Gerade als er das Nest unter einem Busch versteckte, bellte ein Hund. Der Hasenfranz erschrak fürchterlich. Brrr! Das war ja ein Riesenköter! Er packte seinen Korb und rannte davon, so schnell er konnte. Der Hund kläffte wild hinter ihm her.
„Komm herüber zu mir!“, rief Kiki von der anderen Straßenseite. „Wir müssen schnell weiter, ehe man uns entdeckt!“

7

Da stolperte der Hasenfranz und verlor sein Nest – mitten auf der Straße.
„Mein schönes Nest!“, rief er und wollte zurücklaufen.
„Hier geblieben!“, schrie Kiki entsetzt und hielt ihn fest, denn sie hatte eben das Auto entdeckt.

R.O.19
7
5

„Alles Matsch!“, sagte der Hasenfranz bekümmert.
„Besser das Nest als du!“, sagte Kiki. „Komm, die anderen warten sicher schon.“

Pünktlich trafen sich die Osterhasen wieder am Stadtrand. Alle Nester waren versteckt. Juhu, jetzt ging's nach Hause!

„Ach, wie nett ist's im Bett!", gähnte Kiki und schlief augenblicklich ein.
Auch der Hasenvater und die Hasenmutter schliefen gleich und schnarchten mit den anderen Hasenkindern um die Wette.
Nur der Hasenfranz war noch wach.
Er musste immer an das Kind denken, das durch seine Schuld kein Osternest bekam. Da fielen ihm die bunten Frühstückseier in der Küche ein ...

Huppdiwupp war der Hasenfranz aus den Federn.
Auf Pfotenspitzen schlich er in die Küche.
Er nahm den Brötchenkorb und legte die bunten
Frühstückseier hinein. Das gab ein wunderschönes
Osternest. Dann schrieb er eine Nachricht für
die Eltern und schlüpfte aus dem Haus.

DER

„Ho-la-ri und ho-la-ho, Hasenfranz macht Kinder froh“, sang er übermütig und sprang über Wiesen und Felder zur Stadt.
Aber als er dann durch die Straßen lief, bekam er schon ein wenig Angst. Alles kam ihm jetzt viel lauter und größer vor. Und wo war die Gartenstraße 11?

Endlich fand er das Haus. Dort hinter der Regentonne war ein gutes Versteck.
Huiii! Da flitzte eine Katze an ihm vorbei. Wie gut, dass sie mich nicht gesehen hat, dachte der Hasenfranz erleichtert. Jetzt spürte er, wie müde er war.
Ob er sich ein klein wenig ausruhen sollte?

Ganz hinten im Garten entdeckte der Hasenfranz einen Schaukelstuhl. Der sah gemütlich aus. Dort wollte er nur ein paar Minuten schlafen. Er lief hin, sprang hinauf und – spürte neben sich etwas Großes, Wuscheliges.
Da saß schon einer! Ein Ungeheuer?
Das Ungetüm entpuppte sich als warmer, weicher Teddybär. Er roch fast wie seine Schlafdecke! Der Hasenfranz kuschelte sich an den Teddy.
Der Wind bewegte den Schaukelstuhl sachte hin und her.
War es ein Wunder, dass der Hasenfranz augenblicklich einschlief?

„Unser Hasenfranz ist weg!“, rief die Hasenmutter, als sie den Zettel auf dem Küchentisch las.

„Er schreibt, dass er noch ein Nest verstecken muss.“

„Ich glaube, ich weiß, wo er ist!“, rief Kiki. „In der Gartenstraße.“ Und sie erzählte die Geschichte vom kaputten Nest.

„Wir müssen sofort hin und ihn suchen!“, sagte der Vater besorgt. „Die Stadt ist tagsüber viel zu gefährlich für junge Hasen.“

Jedes der Hasenkinder bekam noch ein Frühstücksmöhrchen in die Hand gedrückt und dann liefen alle los, um den Hasenfranz zu suchen.

Kaum hatten die Hasen die Gartenstraße erreicht, suchten sie den Hasenfranz überall wie ein Osterei. Aber er war nirgends zu sehen. Wie gut, dass Kiki so feine Ohren hatte. Sie hörte ein leises Schnarchen.
„Da ist er!", rief sie aufgeregt. „Und er schläft wie ein Bär!"
„Kein Wunder", sagte die Mutter, „schließlich ist er den weiten Weg zweimal gelaufen."
„Aufgewacht!", sagte Kiki und zupfte ihn an den Ohren.

„Wo bin ich?“, murmelte der Hasenfranz und sah sich erschrocken um.
„Bald wieder zu Hause“, sagte der Hasenvater und nahm den Hasenfranz auf die Schultern.
„Seht doch, dort habe ich mein Nest versteckt!“, rief der Hasenfranz, als sie an der Regentonne vorbeikamen.
„Ein gutes Versteck“, lobte ihn die Mutter. „Aber jetzt müssen wir uns beeilen. Bald werden die Kinder kommen und ihre Ostereier suchen.“
„Klar“, sagte der Hasenfranz. „Sie dürfen uns nicht entdecken, sonst würden sie fürchterlich erschrecken.“

Als die Hasenfamilie endlich wieder gemütlich vor dem Hasenhaus beisammen war, waren alle zufrieden. Es gab frisches Hasenbrot und heiße Schokolade. Die kleinen Hasen mümmelten und lümmelten, sie spielten und aßen. Und der Hasenfranz erzählte, dass sie die Zeit vergaßen.

Der Hasenfranz und die frechen Eierräuber

„Putzt die 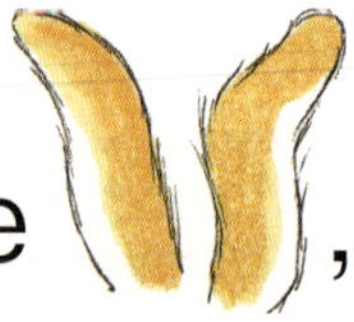, wascht die 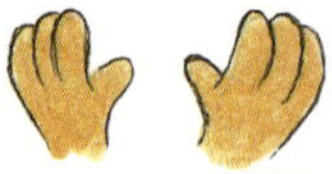!

Oma  wartet längst schon mit

dem  auf uns!“, ruft Mama .

„Darf ich den  tragen?“,

fragt der .

„Nein ich!“, ruft seine Schwester 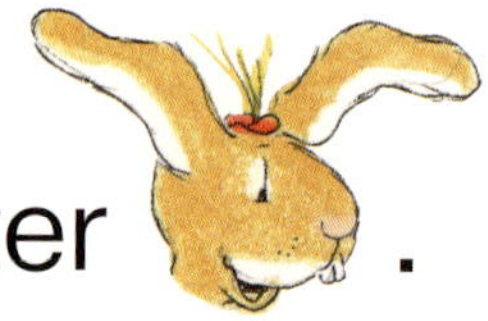.

„Nein ich!“, brüllt der  noch lauter.

 haut dem  auf die 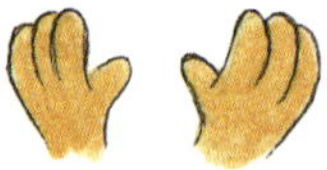.

Der  mit dem 

fällt vom .

„Dumme  !“, ruft der  .

„Du oberdoofes  !“, brüllt 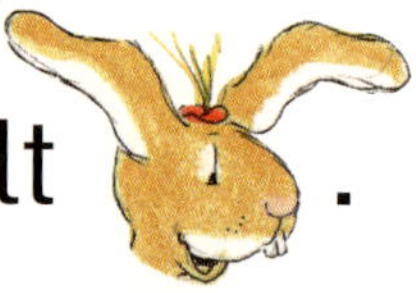 .

„Alte  !“, schimpft der  .

„Du blöder  !“, schreit  zurück.

Der  packt 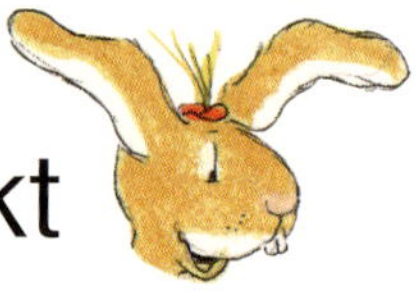

bei den 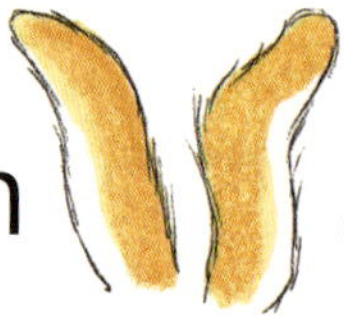 .

Es gibt eine wilde Rauferei.

„Aufhören!“, ruft Papa  .

„Nehmt  und  , 

und 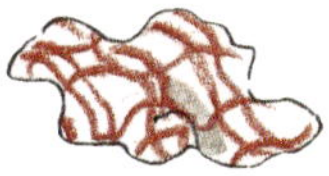 und macht alles sauber,

ehe ihr zu Oma  geht!

Wir laufen schon voraus!“

Papa , Mama 

und die 7 kleinen 

verlassen das .

Sie tragen  und .

Der Papa  trägt den 

mit  und frischem .

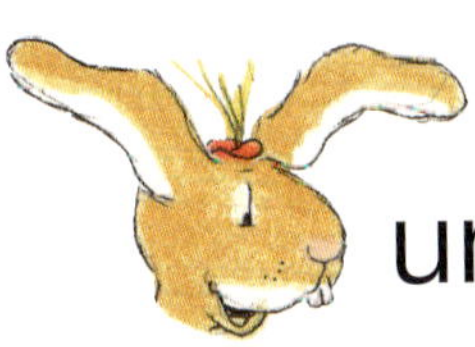 und der  sehen ihnen

vom  aus nach.

„Beeilen wir uns“, sagt 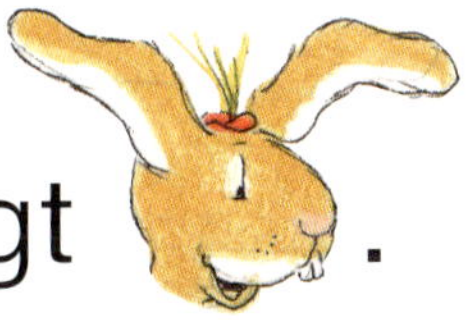.

„Ich will auch von der  essen!“

Sie nimmt  und .

Der  nimmt den 

und holt . Es ist  .

Um 3  treffen sich im 

hinter der alten  4 wilde :

ein , 2  und ein .

Ein  hat ihnen erzählt,

dass heute das  leer ist,

weil alle im  von Oma 

Geburtstag feiern.

„Mir nach“, ruft der . „Es geht los!“

„Nehmt , ,  und ,

damit uns niemand erkennt.“

R

Der  trägt eine .

Darin sind ,  und ein

.

Das  schultert die .

Die beiden  ziehen den 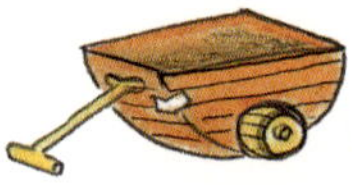.

Auf leisen Sohlen schleichen die 

durch den , an der 

vorbei, hinter der  entlang, über

die  bis zum  hinter dem

.

Das  legt die 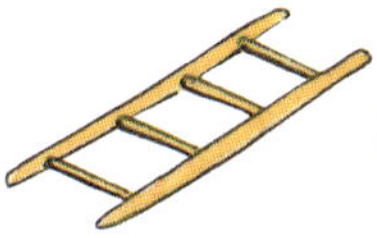 über den  wie eine 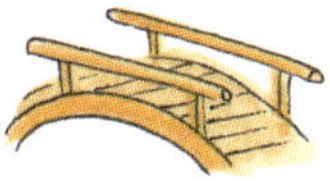. Dann laufen alle hinüber. Den 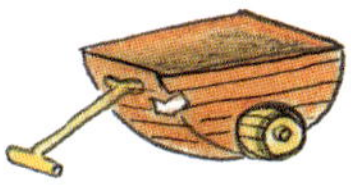 ziehen sie gemeinsam an einem  durch den .

Am  hinter dem 

kommen sie nicht weiter.

„Nimm die !“, sagt der 

zum .

Ritsch-ratsch sägen die 4 

eine Lücke in den  und rollen

den  bis vor das .

Mit  und  knackt

der  das  an der  .

Die 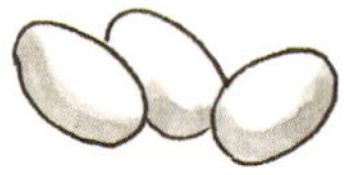 lagern im kühlen Keller.

Mit  schleichen

die  hintereinander

die 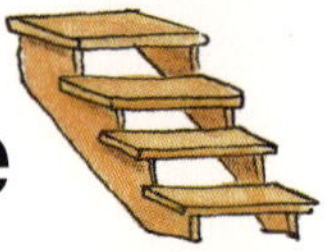 hinunter.

Das  voran, der  als Letzter.

Er geht nicht gerne 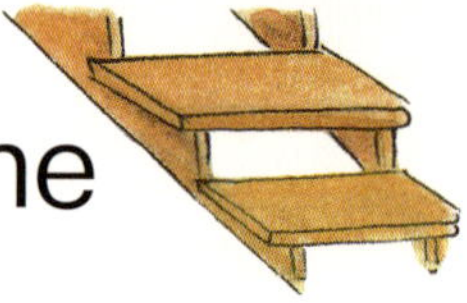 ,

weil er so kurze  hat.

„Über 100 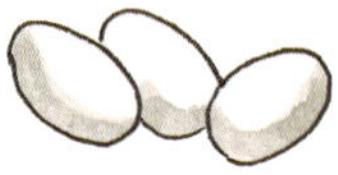 !“, rufen die 2

 begeistert. „Kommt schnell!

Auf unseren  damit!“

R

„Was war das?“, fragt der .

Er sitzt auf dem 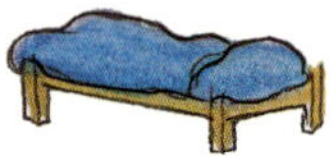 und zieht

gerade sein frisches 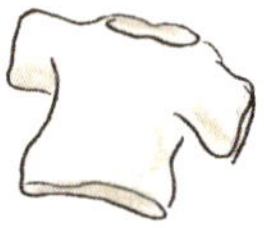 an.

„Hat da nicht die  geknarrt?“

„Ach was!“, sagt 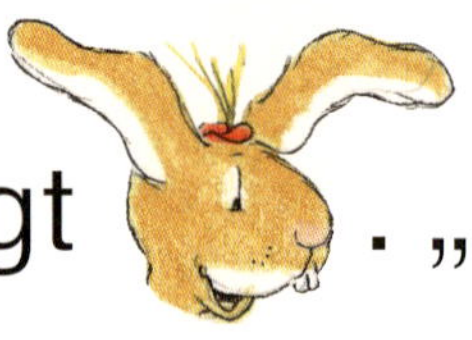. „Es ist doch

niemand im !“

Der  sieht aus dem  und

entdeckt die  im  .

Sie beladen gerade ihren 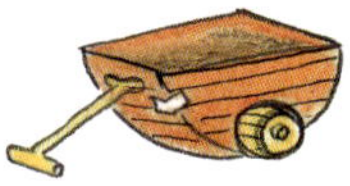

mit den geklauten  …

Jetzt laufen die 4  noch mal

ins , um die letzten 

zu holen.

„Komm schnell!“, flüstert der  und

schiebt 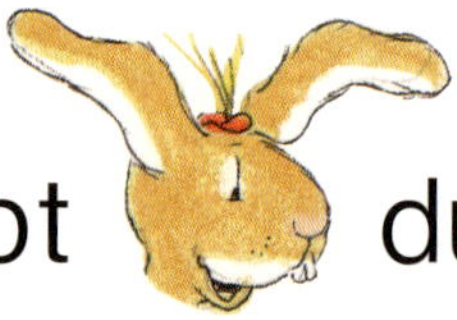 durch den Flur zur .

„Die frechen  fangen wir!“

Der  verschwindet als Letzter

im Keller.

Blitzschnell wirft der 

hinter ihm die  zu.

Gemeinsam schieben  und der 

den  vor die  .

Jetzt kommen die 4 

wieder die  herauf.

„Aufmachen!“, ruft der  .

„Lasst uns raus, sonst passiert was!“,

droht das  . Wütend hämmern

die  gegen die  .

„Gefangen!“, jubelt der  .

„Wie in einer  !“

„Geschafft“, schnauft  . „Jetzt rufen wir  an. Der soll die  abholen und hinter  stecken!“

Der  greift zum  .

Tatütata! Da kommen auch schon das  und der  .

Die  schnappen zu.

007

Die  werden in den

 gesteckt und abtransportiert.

„Diese 4 miesen  verfolgen

wir schon lange!“,

seufzt .

„Das habt ihr gut gemacht!“

Der  und  gehen mit

 zum . Der 

fragt: „Könnten Sie uns bitte

zu Oma  fahren? Ganz schnell!

Sonst ist nämlich die  alle!“

Als 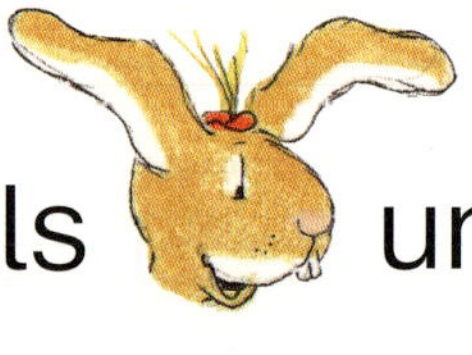 und der  mit dem

, Tatütata und  bei Oma 

ankommen, ruft Papa  erschrocken:

„Was habt ihr denn bloß angestellt?“

„Nichts“, sagt der  und kratzt sich

verlegen hinter den 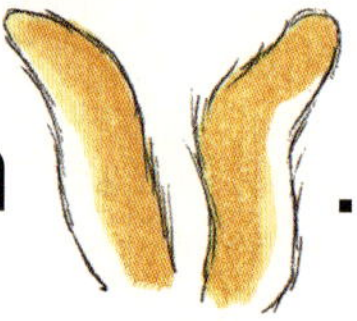.

„Die beiden haben 4 lang gesuchte

 gefangen“, erklärt  stolz.

„Jetzt möchten sie schnell ein Stück

. Und ich natürlich auch!“

Die Wörter zu den Bildern:

Affe 

Bach 

Bart 

Beine 

Besen 

Bett 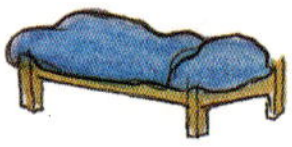

Blaulicht 

Blumen 

Brücke 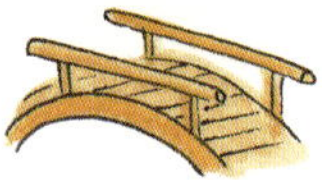

Eier 

Eierkisten 

Eimer 

Fenster 

Garten 

Geburtstagstorte 

Gefängniswagen 

Gitter 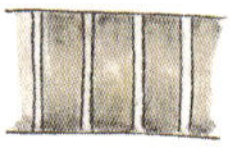

Hammer 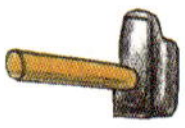

Handschellen 

Hasenfranz 

Hasenhaus 

Hasenkinder 

Haustür 

Hecke 

Hut 

Igel 

Inspektor Fox 

Kamel 

Kellertreppe 

Kellertür 

Kiki 

Kleiderschrank 

Korb 

Kuh
Lappen
Leiter
Mama Hase
Maske
Mausefalle
Möhren
Möhrenkuchen
Mühle
Ohren
Oma Hase
Päckchen
Papa Hase
Perücke

Pfoten
Polizeiauto
Rabe
Räuber
Ratten
Säge
Salat
Schaufel
Schloss
Schraubenzieher
Seil
Taschenlampen
Telefon

Teller
Tisch
Treppenstufen
T-Shirt
Uhr
Wagen
Wald
Wasser
Werkzeugkiste
Wiese
Wildschwein
Zaun
Ziege